Anna

Meine beste
Freundin

Eichhörnchen

Frau Specht

führt uns
durch den Wald

Conni und die Wald-Detektive

Conni und die Wald-Detektive

Eine Geschichte von Julia Boehme
Mit Bildern von Herdis Albrecht und
Tilman Seelenmeyer

CARLSEN

Wer kommt mit?

„Wir machen einen **Aus**flug
mit der Schule",
erzählt Conni beim Abendessen.
„In den **Wald** !"

Da will ich mit!

„Das geht nicht", sagt Conni.

„Das ist nur für unsere Klasse.

Wenn jemand mitkommt,
dann **Mama** oder **Papa**.

Wir brauchen nämlich
noch jemanden,
der uns begleitet."

Wann denn?

Nächsten Freitag.

Ich kann leider nicht.

Vielleicht kann ich
mir freinehmen.

Au ja!

Es klappt!

Papa kommt tatsächlich mit.

Am Abend vorher packt Conni
ihren **Rucksack**.

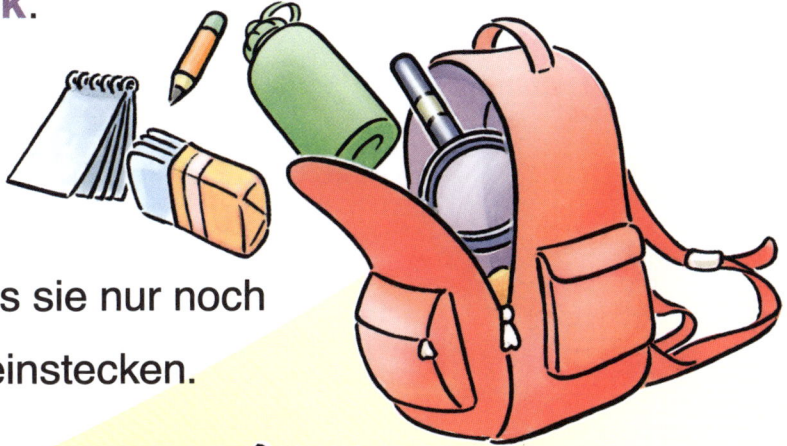

Am Morgen muss sie nur noch
das **Picknick** einstecken.

Das ist schließlich
die **Hauptsache**!

Connis Klasse trifft sich im **Klassenzimmer**.

Heute Waldausflug!

JUHUUU!

Dann gehen sie mit Frau Reisig

zur **Bushaltestelle**.

Die ist gleich neben der Schule.

Da kommt auch schon der Bus.

„Alle einsteigen!", ruft Frau Reisig.

Rein mit euch!

Und Papa zählt alle,

damit niemand fehlt.

Jetzt geht's los!

Das wird bestimmt toll!

Sie fahren durch die ganze Stadt.

Immer weiter …

… und weiter …

… bis zur Endhaltestelle.

Wir sind da!

Im Wald

Frau Specht wartet schon auf sie.

Hallo!

Sie wird Connis Klasse heute durch den **Wald** führen.

Sie laufen auf einem Waldweg
bis zu einer großen Lichtung.

„Was ist denn ein **Wald**?",
will Frau Specht wissen.

„Da, wo ganz viele **Bäume** sind",
ruft Paul.

„Richtig! **Bäume** dürfen im **Wald**
nicht fehlen", sagt Frau Specht.
„Aber ist das alles?"

Nein, es gibt auch **Büsche** und **Farne**.

Und **Tiere** wie **Rehe** und **Wildschweine**.

Genau! Der **Wald** ist ein **Lebensraum**, in dem ganz viele verschiedene **Pflanzen** und **Tiere** miteinander leben.

Den Wald unterteilt man
in verschiedene **Stock**werke.

Ähnlich wie
bei einem **Miets**haus
hat auch hier
jedes **Stock**werk
unterschiedliche
Bewohner.

Die **Baumschicht** ist das **Dachgeschoss**.

Die **Strauchschicht** ist der **zweite Stock**.

Die **Krautschicht** ist der **erste Stock**.

Die **Bodenschicht** ist das **Erdgeschoss**.

Die **Wurzelschicht** ist der **Keller**.

In den Baumkronen bauen sich viele Vögel ihre Höhlen und Nester. Auch die Eichhörnchen haben hier ihren Kobel.

Im Wald wachsen auch Sträucher und Büsche wie Haselnuss und Holunder. Sie geben den größeren Waldtieren Unterschlupf und Schutz.

Gräser, Kräuter, Farne und Blumen bieten vielen Insekten Nahrung und ein Zuhause.

Sie besteht aus Laub, abgefallenen Nadeln, Moosen und kleinen Pflänzchen. Dazwischen finden sich Ameisen, Käfer, Mäuse und viele andere Tiere.

In der Wurzelschicht leben vor allem Regenwürmer und Larven. Füchse, Dachse und Mäuse bauen hier ihre Höhlen.

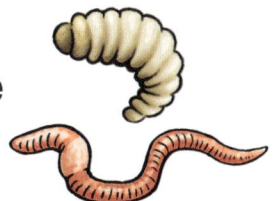

„Wusstet ihr, dass Bäume **riechen** und **schmecken** können?", fragt Frau Specht.

Sie können nämlich **schmecken**, wer ihre Rinde anknabbert. Mit speziellen **Düften** warnen sie dann andere Bäume vor den Angreifern.

Conni macht große Augen.

Sie hätte nie gedacht,

dass sich Bäume **unterhalten** können.

Es gibt zwei **Sorten** von Bäumen. Die einen haben **Nadeln**, die anderen **Blätter**. Wie nennt man die wohl?

Nadelbäume!

Und Laubbäume!

Birke

Tanne

Richtig! Deswegen spricht man auch von **Nadel**wäldern und **Laub**wäldern.

Und wenn wie hier **Nadel-** und **Laub**bäume gemeinsam im **Wald** stehen, nennt man das einen **Misch**wald.

Fichte

Buche

Kiefer

Esche

Eiche

10 Tafeln Schokolade

„Das hier ist eine **Tanne**",
erklärt Frau Specht.

„Wer einen **Tannenzapfen** findet,
bekommt zehn Tafeln **Schokolade**!"

10 Tafeln?
Sofort machen sich alle
auf die Suche.

Conni schnappt nach Luft:
Da ist ja einer!
„Ich hab einen gefunden",
jubelt sie.

Auch Paul und Nina
haben **Zapfen** entdeckt.

Aber Schokolade bekommt niemand.

Conni und Paul haben **Fichtenzapfen** gefunden

und Nina einen **Kiefernzapfen**.

Frau Specht zwinkert ihnen zu.

„**Tannen** werfen ihre **Zapfen** nicht als Ganzes ab,

sondern nur einzelne **Schuppen**."

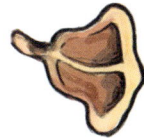

„Dann kann man ja

gar keine **Tannenzapfen** finden!",

brummt Conni.

Und sie hatte sich schon so

auf die Schokolade gefreut.

27

KUCKUCK

HU HUUU GURR-

„Und wo sind die **Tiere**?"

Conni schaut sich um.

Es ist keins zu sehen.

„Die sind hier überall", sagt Frau Specht.

„Seid mal ganz leise und macht die Augen zu."

So ein Quatsch!

Wie sollen sie denn **Tiere** entdecken,

wenn sie die Augen zumachen?

Tiet Tiet

Conni versucht es trotzdem.

summ

summ

brumm

Wiiiee

TOCK TOCK

Mit geschlossenen Augen
kann Conni zwar keine Tiere **sehen**.
Aber sie kann sie **hören**:
und zwar ganz viele!

KWÄÄK

summ

piep *zwitscher*

Und als sie die Augen wieder aufmacht,
entdeckt sie sogar ein paar von ihnen.

Twiiet Twiiet

Trill Trilili

Twiet Twiet

Um einen Partner zu finden.

Um sich eine Höhle zu bauen. Als Nest!

Oder sie suchen Maden unter der Rinde.

Ihr habt alle drei recht.

Die Wald-Detektive

Gibt es hier nicht noch größere Tiere?

Rehe und **Füchse**?

Und **Wildschweine**?

Ja, die gibt es.
Viele Tiere kommen aber erst
in der **Dämmerung** oder in der **Nacht**
aus ihren Verstecken.

Trotzdem könnt ihr herausfinden,
welche Tiere hier im Wald leben.

32

„Wie denn?", fragt Conni.

„Da müsst ihr auf **Spurensuche** gehen",
erklärt Frau Specht.
„Wie echte **Detektive**.
Wollt ihr?"

KLAR wollen sie!

Im Nu werden alle zu **Wald-Detektiven**.
In kleinen Gruppen gehen sie auf **Spurensuche**.

Conni, Anna und Paul sind ein Team
und ermitteln zusammen.
Sie bekommen eine **Fahndungsliste**.
Wie echte Detektive eben!

Fahndungsliste

Eichhörnchen

Maus

Hase

Specht

Eichelbohrer

Gallwespe

Borkenkäfer

  Fuchs

  Reh

  Wildschwein

  Eichelhäher

  Amsel

  Meise

 Buchfink

   Eule

Schon machen sich

Anna, Paul und Conni auf die Suche.

Hier ist eine Spur!

Anna findet eine **blau-schwarz** gestreifte Feder.
Von wem mag die sein?

Und Paul ist auf ein **Mauseloch** gestoßen.

Aber es gibt noch viel mehr
zu entdecken!

Ein Untier

„Pst! Hört ihr das?"

Conni bleibt stocksteif stehen.

Da raschelt doch etwas!

Dann wackelt das **Gebüsch**.

Wenn das kein **Wildschwein** ist!

Neben der Tanne ist ein
riesiger **Ameisen**haufen.

Und darauf krabbeln
unzählige **Ameisen**

kreuz und **quer**

durcheinander.

„Iiiiiiih!",

ruft Anna.

Ein paar **Ameisen** zerren
eine tote SPINNE in den Bau.
Andere tragen weiße **Ameisen**eier.

Eine Weile schauen Conni, Paul und Anna ihnen zu.
„Jetzt haben wir bestimmt
schon weit über **100** Tiere gesehen!",
sagt Conni und lacht.

Hört ihr das auch?

Conni spitzt die Ohren.

Irgendwo **rauscht** und **plätschert** es.

„Da muss ein Bach in der Nähe sein!"

„Kommt, lasst uns mal gucken!",

meint Paul und läuft los.

Das *Plätschern* wird immer lauter.

„Dahinten!", ruft Conni.

Und wirklich! Nicht weit von ihnen

fließt ein **Bach** durch den Wald.

Der Biber

In der Nähe des Ufers

ragt etwas aus dem Wasser.

Es sieht fast

wie ein **Ameisenhaufen** aus.

Nur dass er nicht aus **Tannennadeln**,

sondern aus lauter Stöcken besteht.

Da wohnt der **Biber**!

Wenn wir Glück haben,
sehen wir ihn vielleicht!

Atemlos warten die Kinder.

Conni kommt es wie eine Ewigkeit vor.

Aber es ist nirgends ein **Biber** zu sehen.

„Schade", findet Conni.

Lasst uns jetzt lieber wieder zu den anderen gehen!

Ja, richtig!

Conni, Paul und Anna laufen am Bach zurück.

„Wir müssen irgendwo abbiegen",

meint Paul.

„Wo denn?", fragt Anna.

Die Kinder schauen sich ratlos an.

Keiner hat sich die Stelle gemerkt.

Und ein Weg ist nirgends zu sehen.

Egal, einfach irgendwo.
Wir werden die anderen
schon hören!

Also biegen sie auf gut Glück ab.

Immer wieder bleiben sie stehen
und lauschen.
Es ist ganz still.
Nur ein paar Vögel singen.

„HALLO!",

ruft Conni, so laut sie kann.

„WO SEID IHR?",

rufen auch Anna und Paul.

„HALLO, HALLO!"

Doch niemand antwortet.
Wo stecken die anderen nur?

Ein Hänsel und zwei Greteln

„Die sind hier nicht!" Conni schluckt.
„Ich glaube, wir haben uns verlaufen."
Anna wird blass. „Und jetzt?"

Am besten gehen wir wieder zum See
und versuchen es von dort noch mal.

Also laufen sie zurück.

Aber es ist wie verhext.

Sie finden weder den Bach noch den See.

Überhaupt sieht alles anders aus.

Der Wald ist hier viel **dichter** und **dunkler**.

♪ „Hänsel und Gretel
verliefen sich im Wald ...",

singt Paul leise.

Aber lustig findet das niemand.

Im **Gegenteil**.

Anna kommen die Tränen.

Was, wenn wir hier nie mehr rausfinden?

„Klar finden wir raus!",
sagt Conni schnell.
„Und wie?", schnieft Anna.
Conni überlegt.
„Wir müssen einfach nur
einen **Weg** finden",
sagt sie dann.

Doch das ist leichter gesagt als getan.

Sie klettern über umgestürzte **Baumstämme**,
Äste, **Steine** und **Gestrüpp**.

„Wir hätten den **Weg** nie verlassen dürfen",
jammert Anna.

Ein paar **Sonnenstrahlen**
fallen durch das dichte **Laubdach**
und scheinen direkt auf zwei **Fliegenpilze**.

Die sind giftig.

Trotzdem sehen sie
schön aus.

schnief

Wo ist der Weg?

„Da vorne könnte ein **Weg** sein!",
ruft Paul plötzlich.
Ein **Waldweg**! Endlich!

Den laufen wir jetzt einfach immer weiter,
bis wir aus dem Wald kommen.

Und genau das machen sie auch.

Nach und nach wird der Wald
wieder **heller** und **freundlicher**.
„Ich höre ein Auto!", ruft Anna.
Conni, Anna und Paul laufen schneller.
„Da vorne ist eine **Straße**!",
jubelt Conni.

Schaut mal da! Eine **Bushaltestelle**!

Das ist unsere **Haltestelle**!

Und hier ist der **Weg**,
den wir mit Frau Specht **langgegangen** sind.
Den müssen wir nehmen!

Gefunden!

Atemlos rennen Conni, Anna und Paul
den Waldweg entlang.

Da seid ihr ja!

Wo sind denn die anderen?

Die sind euch suchen gegangen.
Wir haben uns solche **Sorgen** gemacht!

Oje! Hoffentlich haben die sich
jetzt nicht auch verlaufen …

Das glaube ich nicht.

Wenig später kommt Frau Reisig
mit ihrem **Suchtrupp** zurück.

Und kurz darauf auch Papa.

Conni!

Wo wart ihr bloß?

Wir haben uns
verlaufen!

Wie konnte das denn passieren?

Frau Reisig hat ganz **rote Wangen**
vor Aufregung.
„Ihr solltet doch bei der Gruppe bleiben!"

„Da waren angenagte **Baumstämme**",
platzt Paul heraus.
„Von einem **Biber**!
Und ganz in der Nähe war ein **Bach**.
Da mussten wir unbedingt nachsehen,
ob wir den **Biber** nicht entdecken!"

Frau Reisig schaut sie streng an.

„Ihr hättet erst zu uns kommen müssen."

Ja, und uns Bescheid sagen.

Wir wollen den **Biber** doch auch sehen!

Conni schaut verlegen zu Boden.

Daran haben sie gar nicht gedacht!

„Habt ihr den **Biber** denn entdeckt?",
erkundigt sich Serafina.

„Nein", sagt Conni. „Aber seine **Biberburg** !"

„Da wollen wir auch hin", ruft Torben.

„Das hatte ich sowieso mit euch vor",
mischt sich Frau Specht ein.

Aber vorher **picknicken** wir.

Und damit sind **alle** einverstanden.

Die besten Detektive der Welt

Sie packen ihre Brote, das Obst
und die **Getränkeflaschen** aus.
Nach diesem aufregenden ABENTEUER
schmeckt es gleich noch mal so gut!

Danach sitzen sie im Kreis zusammen.
Und alle **Detektive** berichten,
welche **Spuren** sie gefunden haben.

Conni, Anna und Paul
haben kaum etwas vorzuweisen.

Dafür erzählen sie von dem **Ameisenhaufen**

und der **Biberburg**.

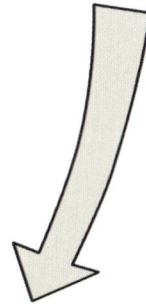

„Wir wollen jetzt auch zur **Biberburg** ",

rufen die anderen.

„In Ordnung", sagt Frau Specht.

„Aber da müsst ihr ganz *leise* sein.

Ihr möchtet den **Biber** doch nicht verjagen!"

Schon bald hören sie

den kleinen **Bach** rauschen und wenig später

kommen sie zum **See**.

Auch von hier aus ist die **Biberburg**
gut zu sehen.

Conni ist ganz aufgeregt.

Trotzdem ist sie,

wie alle anderen auch,

mucks mäus chen still.

Und plötzlich taucht aus dem Wasser
der **Biber** auf!

Er schwimmt in aller Ruhe über den **See**
und scheint sie gar nicht zu bemerken.

Auf einmal muss Connis Papa niesen.

Ausgerechnet!

HAAAAATSCHU!

Und *platsch* taucht der Biber unter
und ist verschwunden.

Das habt **ihr** prima gemacht, **ihr** wart wirklich superleise.

Entschuldigung ...

Die Hauptsache ist ja, dass wir ihn gesehen haben.

Und das findet Conni auch!

Es ist Zeit für die Rückfahrt.

Frau Specht begleitet sie noch zum Bus.

Glücklich fahren die **Wald**-**Detektive**

nach Hause.

Wir haben lauter tolle Spuren gefunden.
Wir sind die besten **Detektive** der Welt!

Detektive,
die sich verlaufen!

Immerhin haben wir
den Weg zurückgefunden!

Werde meine Freundin auf conni.de

Newsletter abonnieren und gewinnen*

Wenn du wissen willst, wann der nächste Conni-Band erscheint, dann abonniere den kostenlosen Conni-Newsletter mit allen Neuigkeiten für Conni-Fans!

Zum Erscheinen dieses Buches pflanzt der Carlsen Verlag zusammen mit Plant-for-the-Planet 1.500 Bäume für Conni und ihre Freunde!

FSC
www.fsc.org
MIX
Papier aus ver-
antwortungsvollen
Quellen
FSC® C002795

Carlsen-Bücher gibt es überall im Buchhandel und auf www.carlsen.de

© 2020 Carlsen Verlag GmbH
Völckersstr. 14–20, 22765 Hamburg
Umschlag- und Innenillustrationen: Herdis Albrecht
und Tilman Seelenmeyer
Lektorat: Maya Geis; Umschlag-Layout: Gunta Lauck
Innenseiten-Layout und Satz: Karin Kröll
Lithografie: ReproTechnik Fromme, Hamburg
ISBN 978-3-551-18937-0
Printed in Latvia

Conni

Das bin ich

Biber

Paul

Mein bester
Freund

Ameisen